Impressum
Verlag: BABADADA GmbH, Nedderfeld 112 , 22529 Hamburg
Geschäftsführer / Verlagsleitung: Harald Hof
Druck: Books on Demand GmbH, In de Tarpen 42, 22848 Norderstedt

Imprint
Publisher: BABADADA GmbH, Nedderfeld 112 , 22529 Hamburg, Germany
Managing Director / Publishing direction: Harald Hof
Print: Books on Demand GmbH, In de Tarpen 42, 22848 Norderstedt, Germany

училище
mokykla

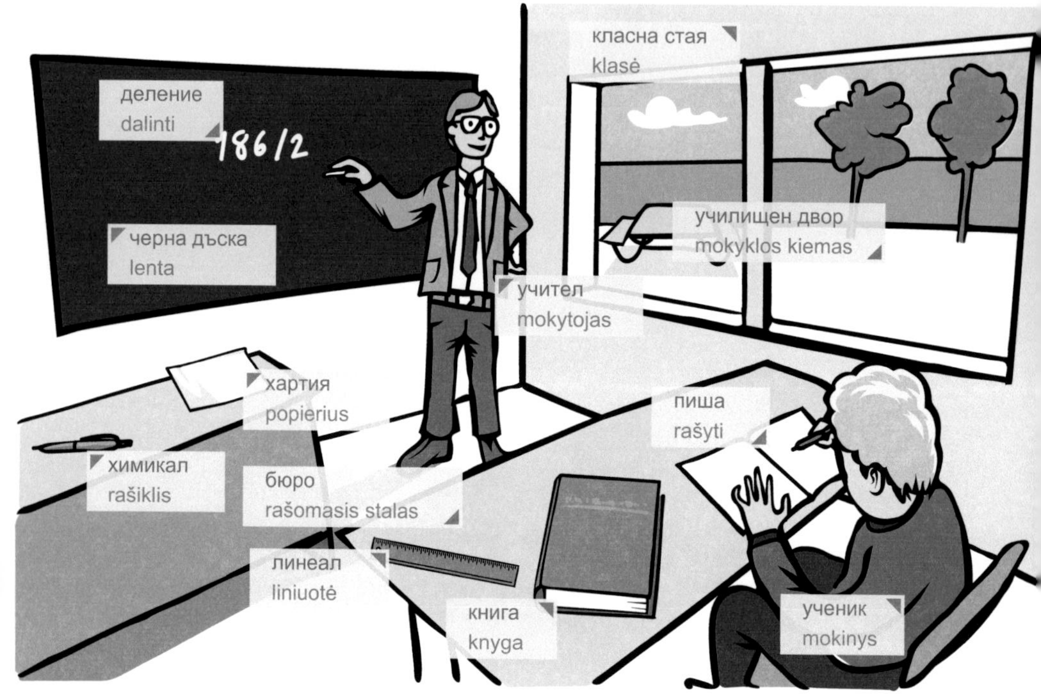
класна стая
klasė
деление
dalinti
186/2
черна дъска
lenta
училищен двор
mokyklos kiemas
учител
mokytojas
хартия
popierius
пиша
rašyti
химикал
rašiklis
бюро
rašomasis stalas
линеал
liniuotė
книга
knyga
ученик
mokinys

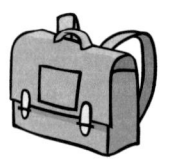

ученическа раница

kuprinė

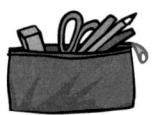

ученически несесер

penalas

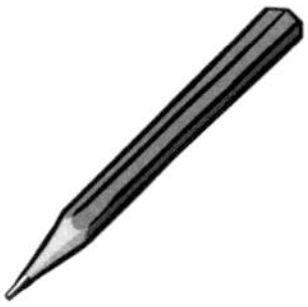

молив

pieštukas

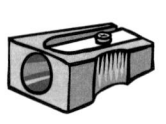

острилка за моливи

drožtukas

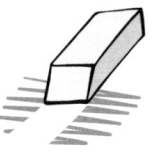

гума

trintukas

блок за рисуване

piešimo bloknotas

рисунка

piešinys

четка

teptukas

акварелни бои

dažų dėžutė

ножица

žirklės

лепило

klijai

тетрадка за упражнения

vadovėlis

домашна работа

namų darbai

число

numeris

събиране

pridėti

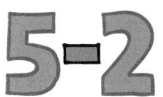

изваждане

atimti

умножение

dauginti

смятане

skaičiuoti

буква

raidė

азбука

abėcėlė

дума

žodis

текст

tekstas

чета

skaityti

тебешир

kreida

час

pamoka

дневник на класа

dienynas

изпит

egzaminas

свидетелство

pažymėjimas

ученическа униформа

mokyklinė uniforma

образование

išsilavinimas

справочник

enciklopedija

университет

universitetas

микроскоп

mikroskopas

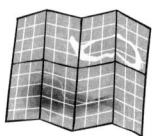

карта

žemėlapis

кошче за хартиени отпадъци

šiukšliadėžė

хотел
viešbutis

Grand

хостел
svečių namai

ROOMS

обменно бюро
valiutos keitykla

EXCHANGE

куфар
lagaminas

кола
mašina

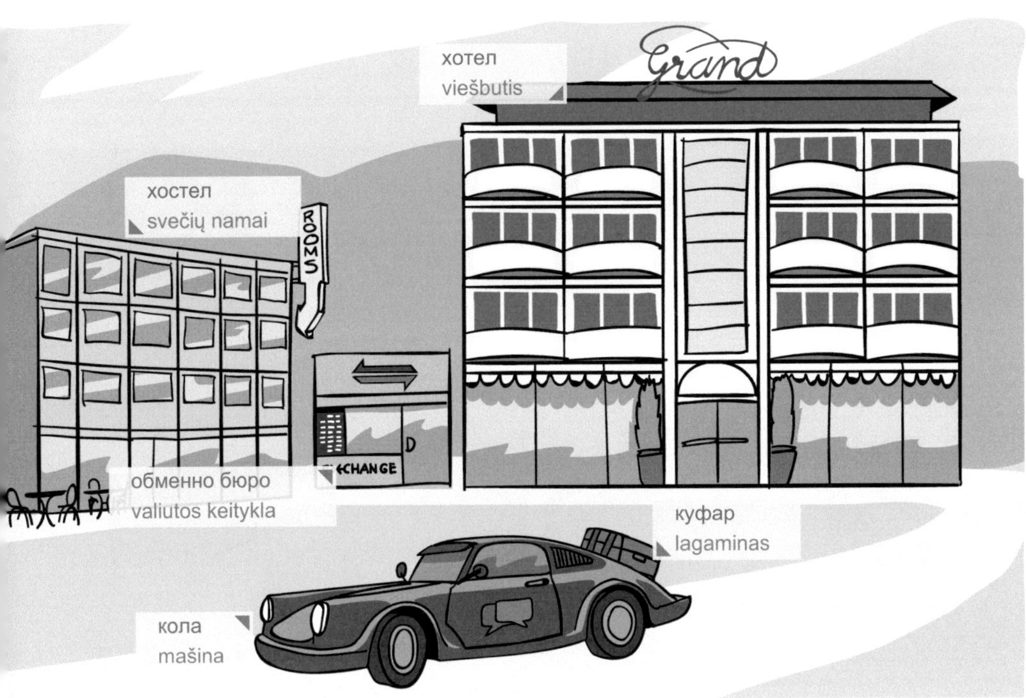

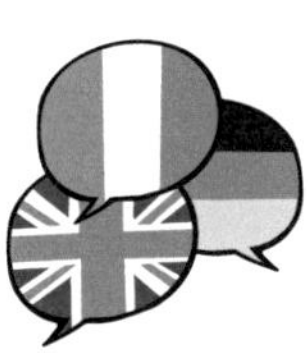

език

kalba

да / не

taip / ne

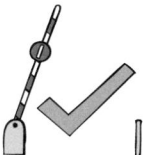

Окей

Gerai

здравей

sveiki

преводач

vertėjas raštu

Благодаря

Ačiū

Колко струва…?

kiek kainuoja…?

Не разбирам

aš nesuprantu

проблем

problema

Добър вечер!

Labas vakaras!

Добро утро!

Labas rytas!

Лека нощ!

Labos nakties!

довиждане

viso gero

посока

kryptis

багаж

bagažas

пътна чанта

krepšys

раница

kuprinė

посетител

svečias

стая

kambarys

спален чувал

miegmaišis

палатка

palapinė

туристическа информация

turizmo informacija

плаж

paplūdimys

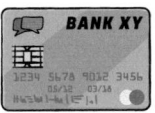

кредитна карта

kreditinė kortelė

закуска

pusryčiai

обед

pietūs

вечеря

vakarienė

билет

bilietas

асансьор

liftas

пощенска марка

pašto ženklas

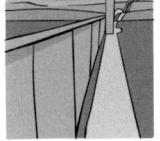

граница

siena

митница

muitinė

посолство

ambasada

виза

viza

паспорт

pasas

транспорт
transportas

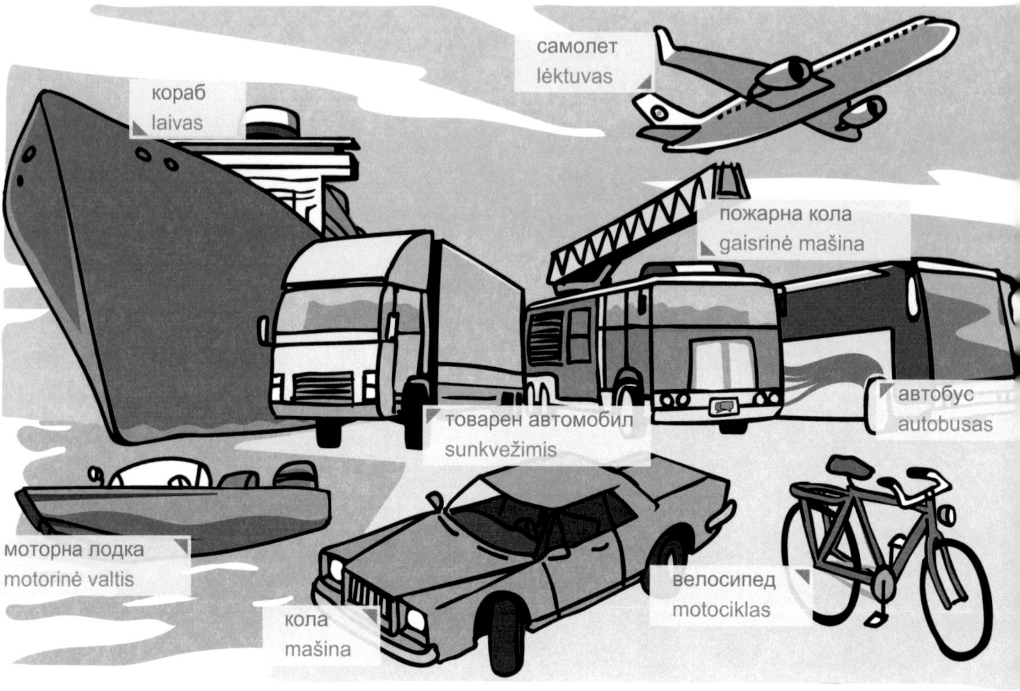

самолет
lėktuvas
кораб
laivas
пожарна кола
gaisrinė mašina
автобус
autobusas
товарен автомобил
sunkvežimis
моторна лодка
motorinė valtis
велосипед
motociklas
кола
mašina

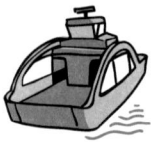

ферибот

keltas

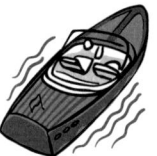

лодка

valtis

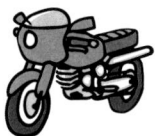

мотоциклет

mopedas

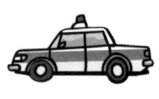

полицейска кола

policijos automobilis

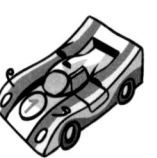

състезателна кола

lenktyninis automobilis

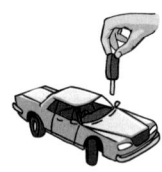

кола под наем

nuomojamas automobilis

каршеринг

bendras automobilio naudojimas

автомобил от "Пътна помощ"

techninės pagalbos automobilis

сметовоз

šiukšliavežė

двигател

variklis

бензин

degalai

бензиностанция

degalinė

пътен знак

kelio ženklas

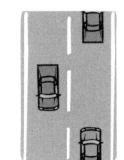

улично движение

eismas

задръстване

eismo spūstis

паркинг

mašinų stovėjimo aikštelė

гара

traukinių stotis

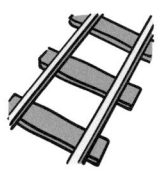

релси

bėgiai

влак

traukinys

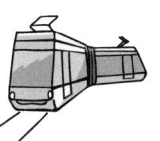

трамвай

tramvajus

вагон

vagonas

хеликоптер

sraigtasparnis

аерогара

oro uostas

кула

bokštas

пасажер

keleivis

контейнер

konteineris

кашон

dėžė

ръчна количка

vežimėlis

кошница

krepšys

излитам / приземявам се

pakilti / nusileisti

град

miestas

село

kaimas

градски център

miesto centras

къща

namas

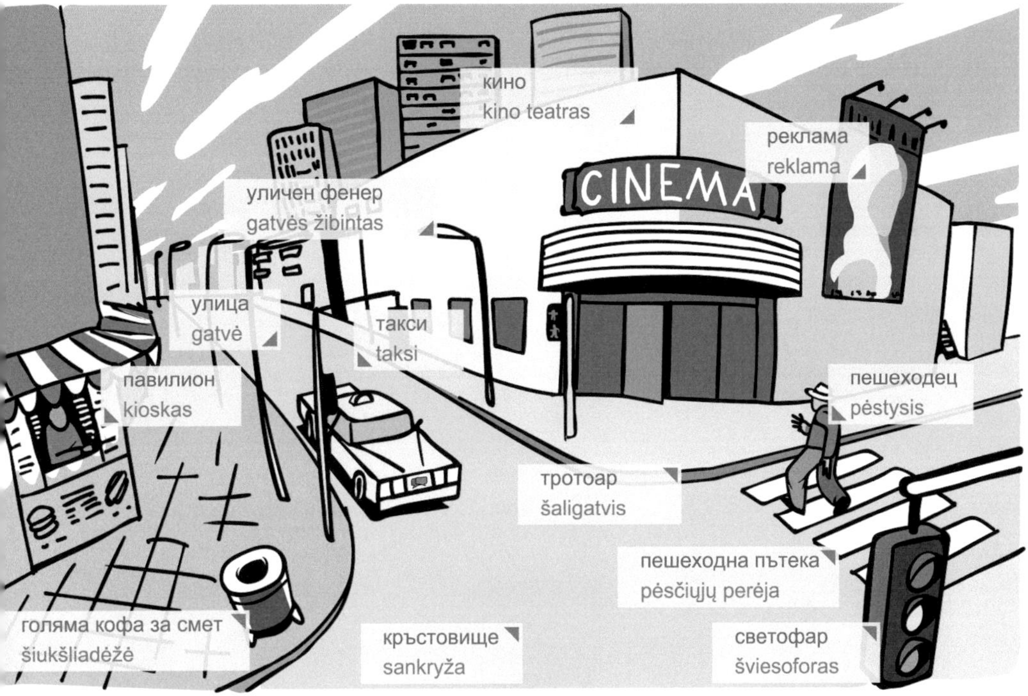

кино
kino teatras
CINEMA
реклама
reklama
уличен фенер
gatvės žibintas
улица
gatvė
такси
taksi
павилион
kioskas
пешеходец
pėstysis
тротоар
šaligatvis
пешеходна пътека
pėsčiųjų perėja
голяма кофа за смет
šiukšliadėžė
кръстовище
sankryža
светофар
šviesoforas

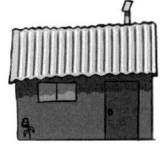

хижа

trobelė

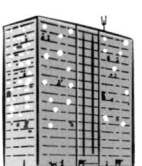

жилище

butas

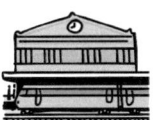

гара

traukinių stotis

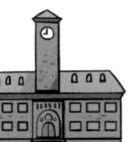

кметство

rotušė

MUSEUM

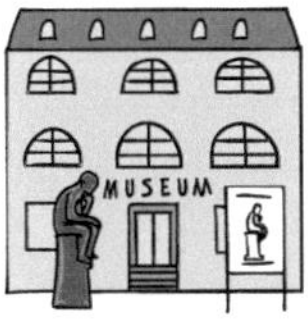

музей

muziejus

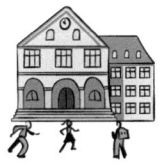

училище

mokykla

университет

universitetas

банка

bankas

болница

ligoninė

хотел

viešbutis

аптека

vaistinė

офис

biuras

книжарница

knygynas

магазин за цветя

parduotuvė

магазин за цветя

gėlių parduotuvė

супермаркет

prekybos centras

пазар

turgus

универсален магазин

universalinė parduotuvė

търговец на риба

žuvies parduotuvė

търговски център

prekybos centras

пристанище

uostas

парк

parkas

пейка

suoliukas

мост

tiltas

стълба

laiptai

метро

metro

тунел

tunelis

автобусна спирка

autobusų stotelė

бар

baras

ресторант

restoranas

пощенска кутия

lauko pašto dėžutė

улична табелка

kelio ženklas

часовник за паркинг престой

parkomatas

зоологическа градина

zoologijos sodas

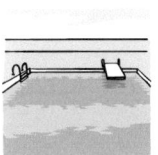

плувен басейн

baseinas

джамия

mečetė

селски двор

ūkininko ūkis

замърсяване на околната среда

tarša

гробище

kapinės

църква

bažnyčia

детска площадка

žaidimų aikštelė

храм

šventykla

пейзаж
kraštovaizdis

листо
lapas

пътепоказател
kelio rodyklė

път
kelias

ливада
pieva

камък
akmuo

дърво
medis

пътешественик
éjikas

река
upė

трева
žolė

цвете
gėlė

долина

slėnis

планина

kalva

море

ežeras

гора

miškas

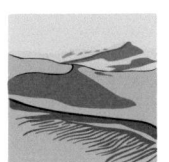

пустиня

dykuma

вулкан

ugnikalnis

замък

pilis

дъга

vaivorykštė

гъба

grybas

палма

palmė

комар

uodas

муха

musė

мравка

skruzdėlė

пчела

bitė

паяк

voras

бръмбар

vabalas

жаба

varlė

катеричка

voverė

таралеж

ežys

заек

kiškis

кукумявка

pelėda

птица

paukštis

лебед

gulbė

диво прасе

šernas

елен

elnias

лос

briedis

бент

užtvanka

вятърна турбина

vėjo jėgainė

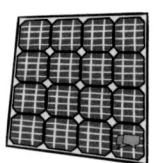

соларен модул

saulės baterija

климат

klimatas

ресторант

restoranas

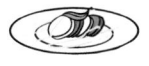

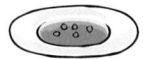

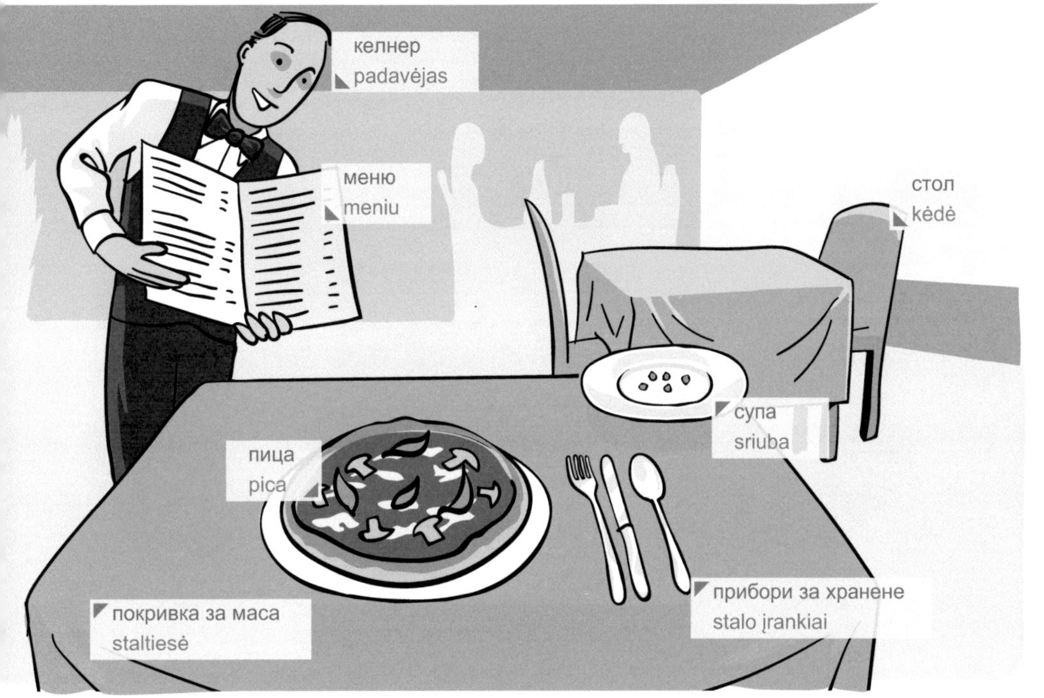
келнер
padavėjas
меню
meniu
стол
kėdė
супа
sriuba
пица
pica
прибори за хранене
stalo įrankiai
покривка за маса
staltiesė

предястие

užkandis

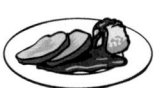

основно ястие

pagrindinis patiekalas

десерт

desertas

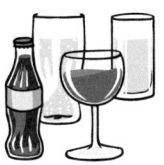

напитки

gėrimai

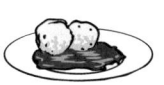

ядене

maistas

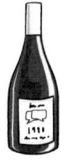

бутилка

butelis

бързо хранене

greitai pateikiamas maistas

улична храна

gatvės maistas

кана за чай

arbatinukas

кутия за захар

cukrinė

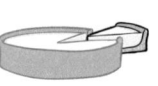

порция

porcija

еспресо машина

espreso aparatas

висок детски стол

aukšta kėdė

сметка

sąskaita

табла

padėklas

ножица за нокти

peilis

вилица

šakutė

лъжица

šaukštas

чаена лъжичка

arbatinis šaukštelis

салфетка

servetėlė

стъклена чаша

stiklinė

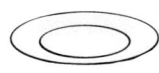

чиния

lėkštė

чиния за супа

sriubos lėkštė

чинийка

padėklas

сос

padažas

солница

druskinė

мелничка за черен пипер

pipirų malūnėlis

оцет

actas

олио

aliejus

подправки

prieskoniai

кетчуп

kečupas

горчица

garstyčios

майонеза

majonezas

супермаркет

prekybos centras

оферта
specialus pasiūlymas
FOR
клиент
pirkėjas
млечни продукти
pieno produktai
плодове
vaisiai
количка за покупки
troleibusas

BUTCHERS

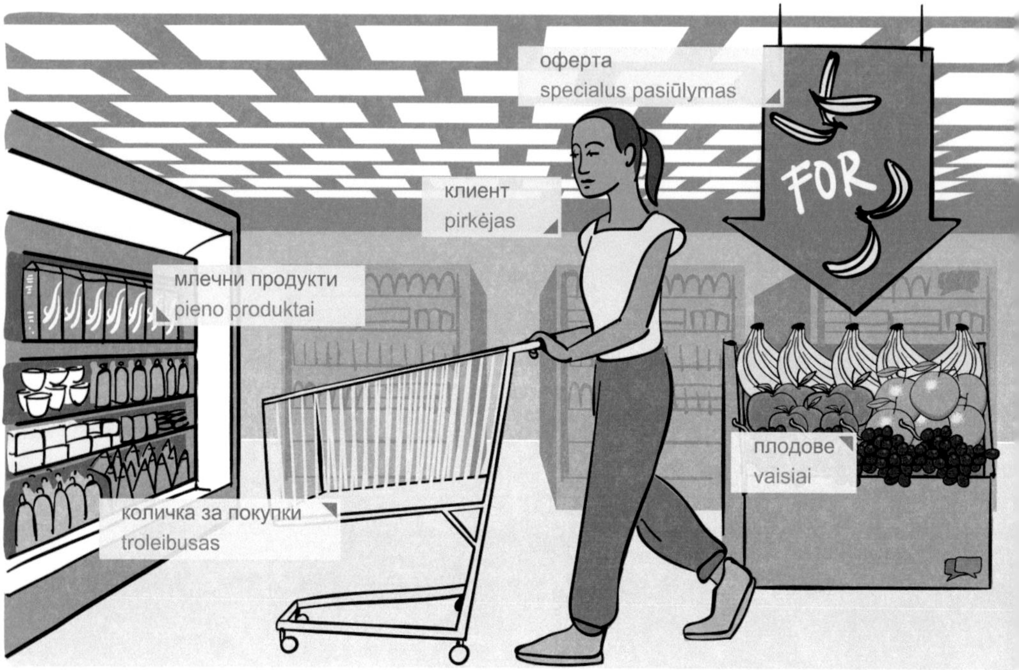

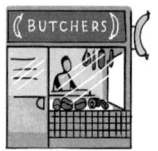

кланица

mėsos parduotuvė

BAKERY

хлебарница

kepykla

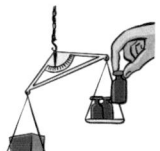

тегля

sverti

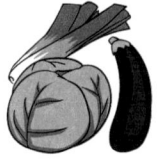

зеленчуци

daržovės

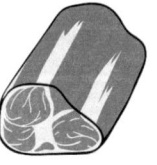

месо

mėsa

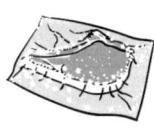

дълбоко замразена храна

šaldytas maistas

нарязан колбас или сирене
šalti mėsos užkandžiai

консерви
konservai

перилен препарат
skalbimo milteliai

лакомства
saldumynai

домакински изделия
ūkinės prekės

почистващи препарати
valymo priemonės

продавачка
pardavėja

каса
kasos aparatas

касиер
kasininkas

списък на покупките
pirkinių sąrašas

работно време
darbo valandos

портфейл
piniginė

кредитна карта
kreditinė kortelė

чанта
maišelis

пластмасова торба
plastikinis maišelis

вода

vanduo

сок

sultys

мляко

pienas

кола

kola

вино

vynas

бира

alus

алкохол

alkoholis

какао

kakava

чай

arbata

кафе машина

kava

еспресо

espresas

капучино

kapučinas

банан

bananas

ябълка

obuolys

портокал

apelsinas

пъпеш

arbūzas

лимон

citrina

морков

morka

чесън

česnakas

бамбук

bambukas

лук

svogūnas

гъба

grybas

ядки

riešutai

макарони

makaronai

спагети

spagečiai

ориз

ryžiai

салата

salotos

пържени картофи

traškučiai

печени картофи

keptos bulvės

пица

pica

хамбургер

mėsainis

сандвич

sumuštinis

шницел

pjausnys

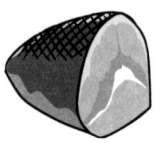

шунка

kumpis

траен колбас

saliamis

салам

dešrelė

пиле

vištiena

печено

kepsnys

риба

žuvis

овесени ядки

avižų dribsniai

мюсли

dribsniai su priedais

корнфлейкс

kukurūzų dribsniai

брашно

miltai

кроасан

prancūziškasis ragelis

хлебчета

bandelė

хляб

duona

препечена филийка

skrebutis

бисквити

sausainiai

масло

sviestas

извара

varškė

сладкиш

tortas

яйце

kiaušinis

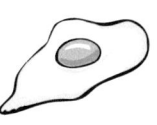

яйца на очи

kiaušinienė

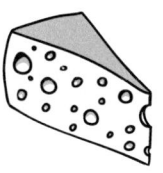

сирене

sūris

сладолед

ledai

захар

cukrus

мед

medus

мармалад

uogienė

нуга крем

tepamas šokoladas

кържи

karis

селски двор
ūkininko ūkis

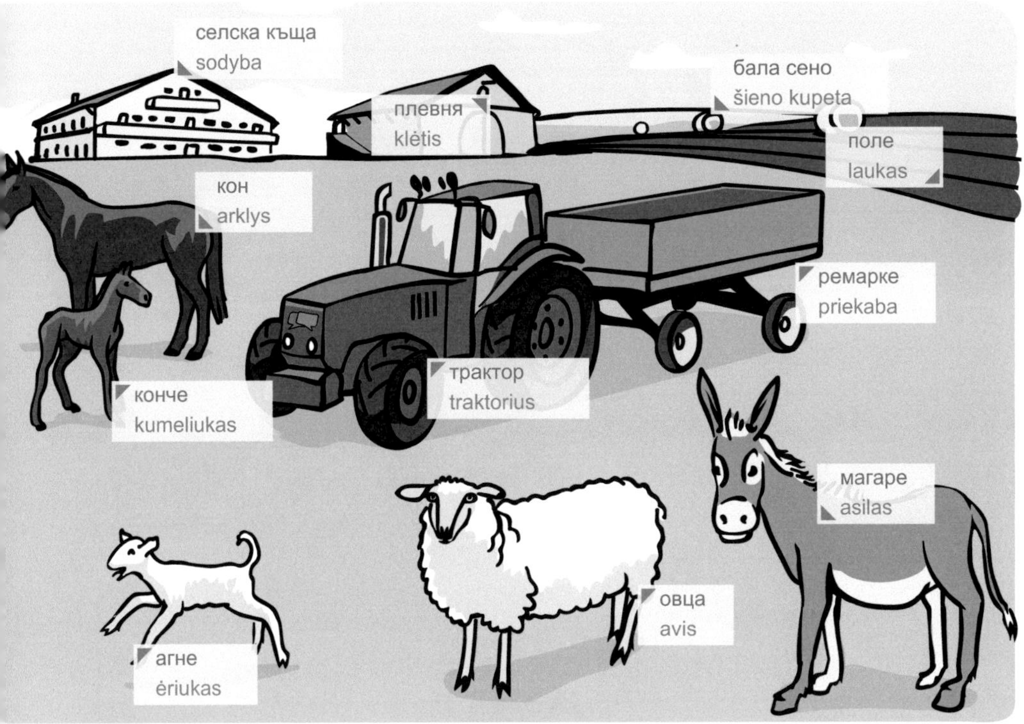
селска къща
sodyba
плевня
klėtis
бала сено
šieno kupeta
поле
laukas
кон
arklys
ремарке
priekaba
трактор
traktorius
конче
kumeliukas
магаре
asilas
овца
avis
агне
ėriukas

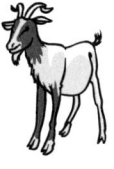

коза

ožys

крава

karvė

теле

veršis

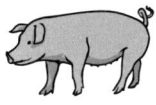

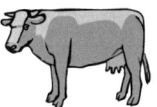

свиня

kiaulė

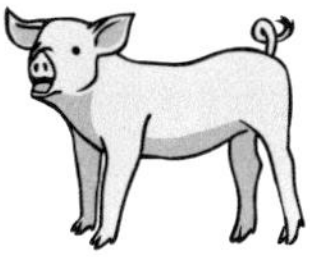

прасенце

paršelis

бик

bulius

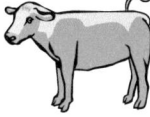

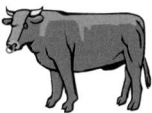

гъска

žąsis

патица

antis

пиленце

viščiukas

кокошка

višta

петел

gaidys

плъх

žiurkė

котка

katė

мишка

pelė

вол

jautis

куче

šuo

кучешка колиба

šuns būda

градински маркуч

sodo namas

лейка

laistytuvas

коса

dalgis

плуг

plūgas

сърп

pjautuvas

мотика

kauptukas

вила за тор

šakės

брадва

kirvis

ръчна количка

statinė

корито

lovys

съд за мляко

bidonas

чувал

maišas

ограда

tvora

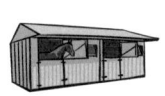

обор

arklidė

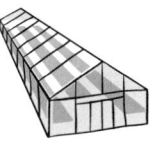

парник

šiltnamis

земя

dirva

сеитба

sėkla

тор

trąšos

комбайн

kombainas

жъна

rinkti

реколта

derlius

ямс

saldžiosios bulvės

жито

kviečiai

соя

soja

картоф

bulvė

царевица

kukurūzai

рапица

rapsai

овощно дърво

vaismedis

маниока

manijokas

зърнени храни

grūdai

къща

namas

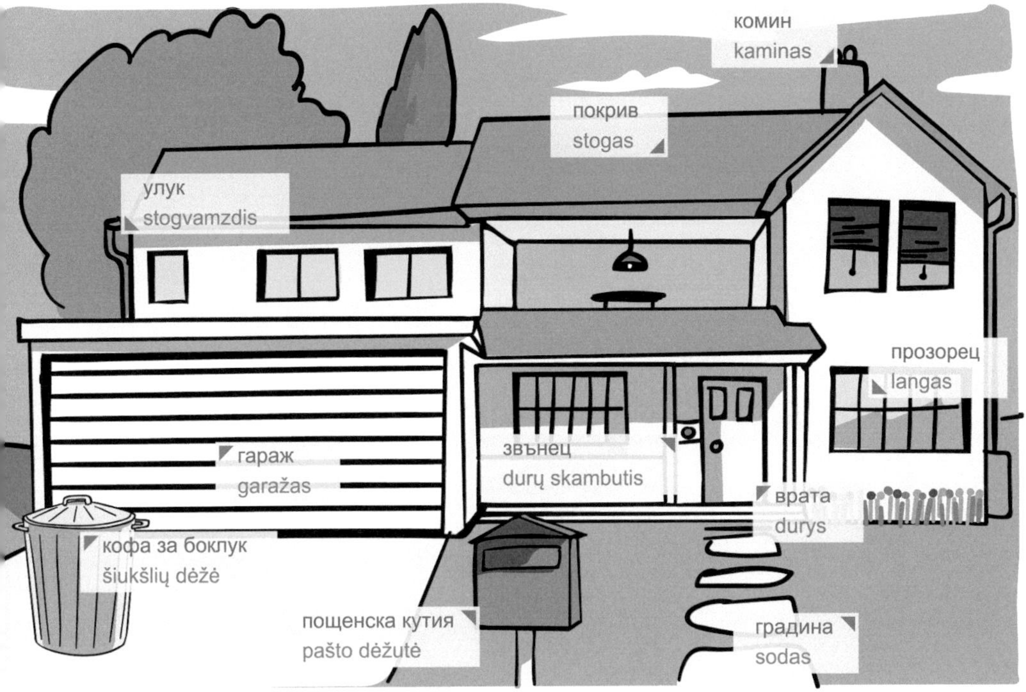

комин
kaminas
покрив
stogas
улук
stogvamzdis
прозорец
langas
гараж
garažas
звънец
durų skambutis
врата
durys
кофа за боклук
šiukšlių dėžė
пощенска кутия
pašto dėžutė
градина
sodas

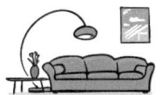

всекидневна

svetainė

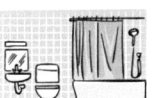

баня

vonios kambarys

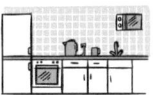

кухня

virtuvė

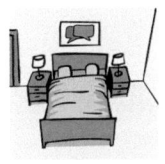

спалня

miegamasis

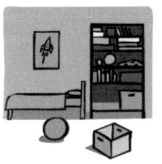

детска стая

vaiko kambarys

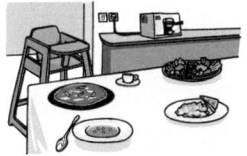

трапезария

valgomasis

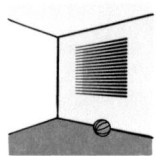

под

grindys

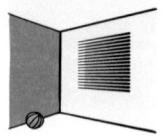

стена

siena

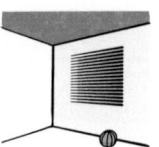

таван

lubos

изба

rūsys

сауна

sauna

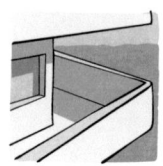

балкон

balkonas

тераса

terasa

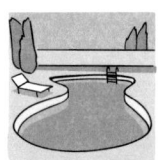

плувен басейн

baseinas

косачка

žoliapjovė

спално бельо

paklodė

покривка за легло

lovatiesė

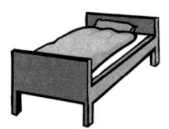

легло

lova

метла

šluota

кофа

kibiras

електрически ключ

jungiklis

всекидневна

svetainė

тапет
tapetai
картина
nuotrauka
лампа
šviestuvas
рафт
lentyna
шкаф
spintelė
телевизор
televizorius
камина
židinys
цвете
gėlė
възглавница
pagalvėlė
канапе
sofa
ваза
vaza
дистанционно управление
nuotolinio valdymo pultelis

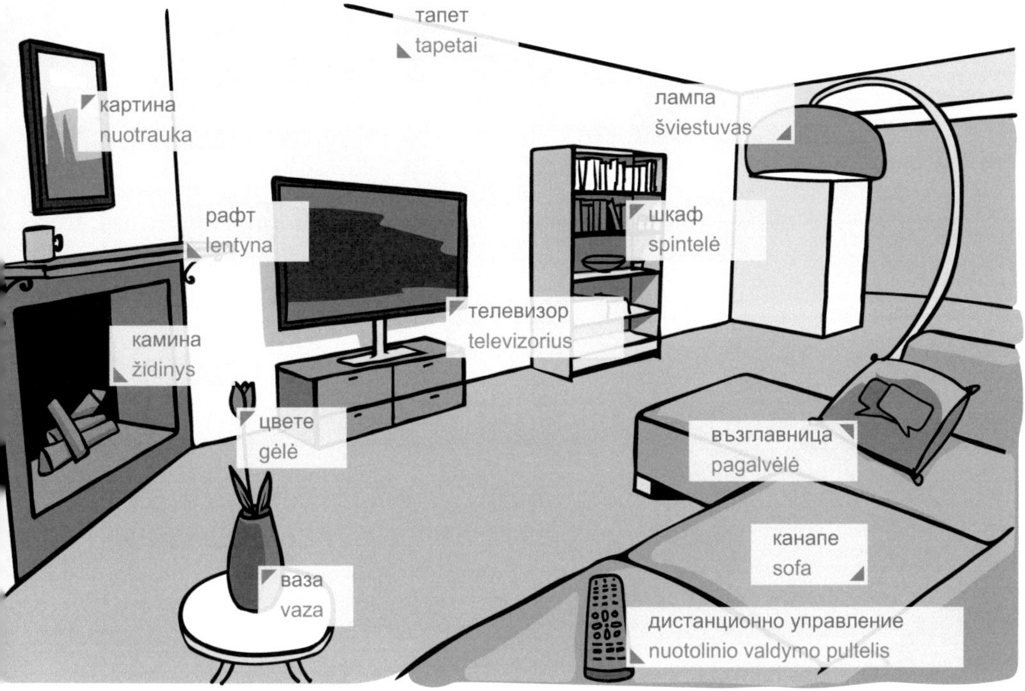

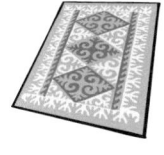

килим

kilimas

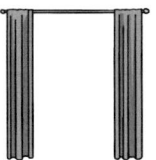

завеса

užuolaida

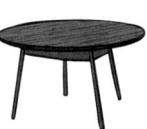

маса

stalas

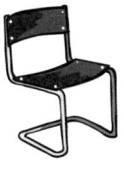

стол

kėdė

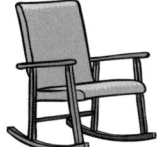

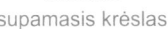

люлеещ се стол

supamasis krėslas

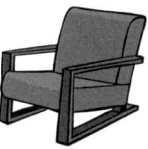

кресло

fotelis

книга

knyga

одеяло

antklodė

декорация

papuošimai

дърва за отопление

malkos

филм

filmas

стерео уредба

stereo aparatūra

ключ

raktas

вестник

laikraštis

живопис

paveikslas

постер

plakatas

радио

radijas

бележник

užrašų knygelė

прахосмукачка

dulkių siurblys

кактус

kaktusas

свещ

žvakė

кухня
virtuvė

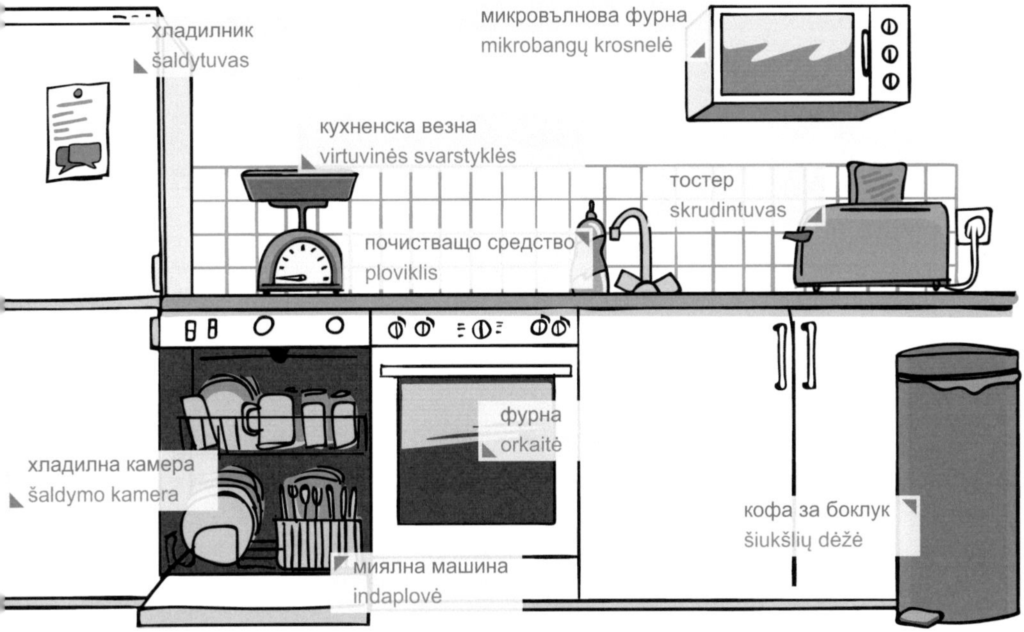

хладилник
šaldytuvas
микровълнова фурна
mikrobangų krosnelė
кухненска везна
virtuvinės svarstyklės
тостер
skrudintuvas
почистващо средство
ploviklis
фурна
orkaitė
хладилна камера
šaldymo kamera
кофа за боклук
šiukšlių dėžė
миялна машина
indaplovė

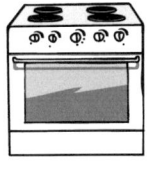

готварска печка

viryklė

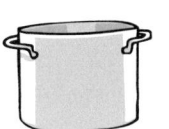

тенджера

puodas

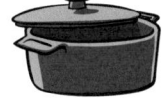

желязна тенджера

ketaus puodas

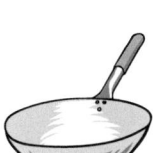

уок / кадаи

„wok“ keptuvė

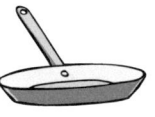

тиган

keptuvė

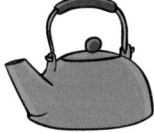

кана за затопляне на вода

virdulys

уред за готвене на пара

garų puodas

тава за печене

kepimo skarda

съдове

porceliano indai

чаша

puodelis

купа

dubuo

клечки за хранене

valgomosios lazdelės

черпак

samtis

лопатка за тиган

mentelė

тел за разбиване (на яйца, белтъци)

plaktuvas

кошница за варене

koštuvas

гевгир

sietas

ренде

trintuvė

хаван

grūstuvė

барбекю

kepsninė

огнище

atvira liepsna

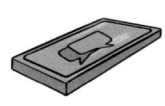

дъска

pjaustymo lentelė

точилка

kočėlas

тирбушон

kamščiatraukis

кутия

skardinė

отварачка за консерви

skardinių atidarytuvas

кухненска ръкохватка

puodkėlė

мивка

kriauklė

четка

šepetys

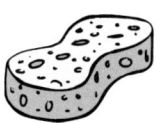

гъба

kempinė

миксер

trintuvas

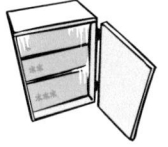

фризер

šaldiklis

бебешко шише

kūdikių buteliukas

воден кран

čiaupas

баня
vonios kambarys

отопление
šildymas
хавлиена кърпа
rankšluostis
душ
dušas
завеса за баня
dušo užuolaidos
шампоан за вана
vonios putos
вана
vonia
стъклена чаша
stiklinė
перална машина
skalbimo mašina
воден кран
čiaupas
плочки
plytelės
гърне
naktinis puodukas
мивка
kriauklė

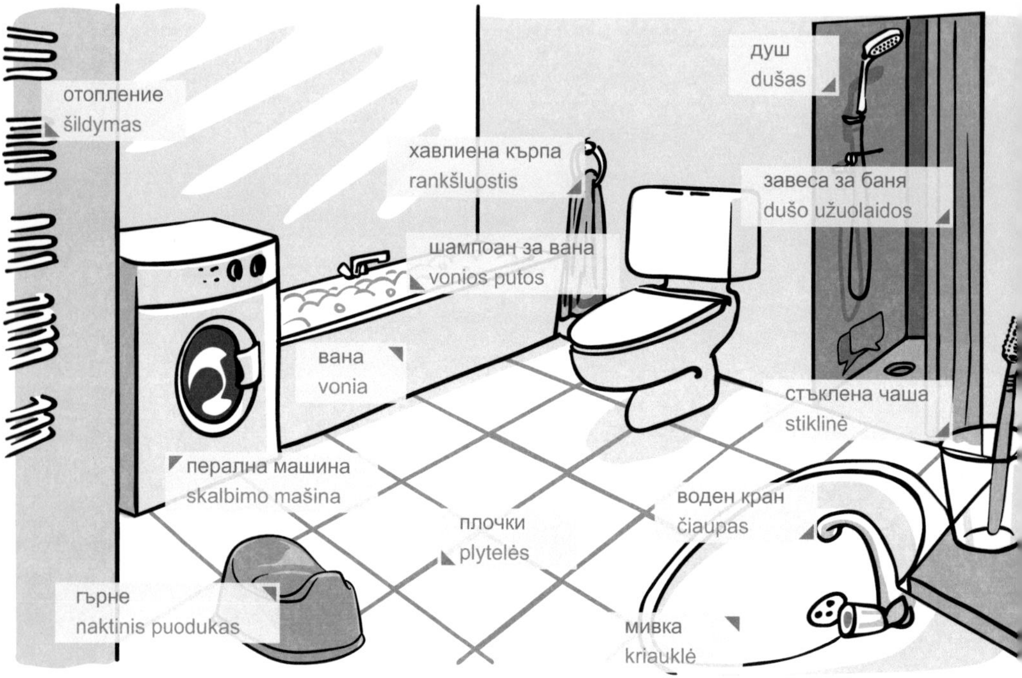

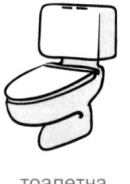

тоалетна

unitazas

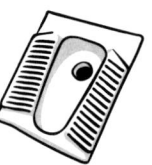

клекало

tupimasis unitazas

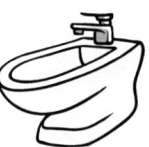

биде

bidė

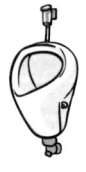

писоар

pisuaras

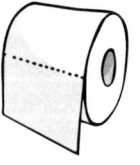

тоалетна хартия

tualetinis popierius

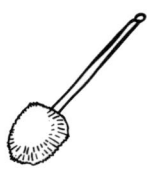

четка за тоалетна

unitazo šepetys

четка за зъби

dantų šepetėlis

паста за зъби

dantų pasta

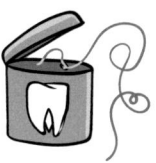

конец за зъби

dantų siūlas

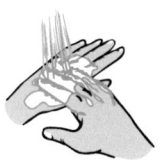

мия

plauti

ръчен душ

dušo galvutė

интимен душ

higieninis dušas

леген

praustuvas

четка за гръб

nugaros plaušinė

сапун

muilas

душ гел

dušo želė

шампоан за вана

šampūnas

гъба за баня

plaušinė

сифон

kanalizacija

крем

kremas

дезодорант

dezodorantas

огледало

veidrodis

козметично огледало

veidrodėlis

ръчна самобръсначка

skustuvas

пяна за бръснене

skutimosi putos

одеколон за след
бръснене
losjonas po skutimosi

гребен

šukos

четка

šepetys

сешоар

plaukų džiovintuvas

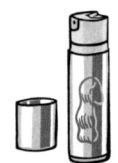

спрей за коса

plaukų lakas

грим

makiažas

червило

lūpdažis

лак за нокти

nagų lakas

памук

vata

ножица за нокти

žirklutės nagams

парфюм

kvepalai

тоалетна чантичка

maišelis skalbiniams

табуретка

taburetė

везна

svarstyklės

хавлия

chalatas

домакински ръкавици

guminės pirštinės

тампон

tamponas

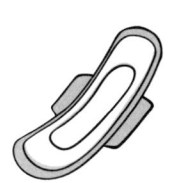

дамски превръзки

higieninis įklotas

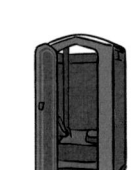

химическа тоалетна

biotualetas

детска стая
vaiko kambarys

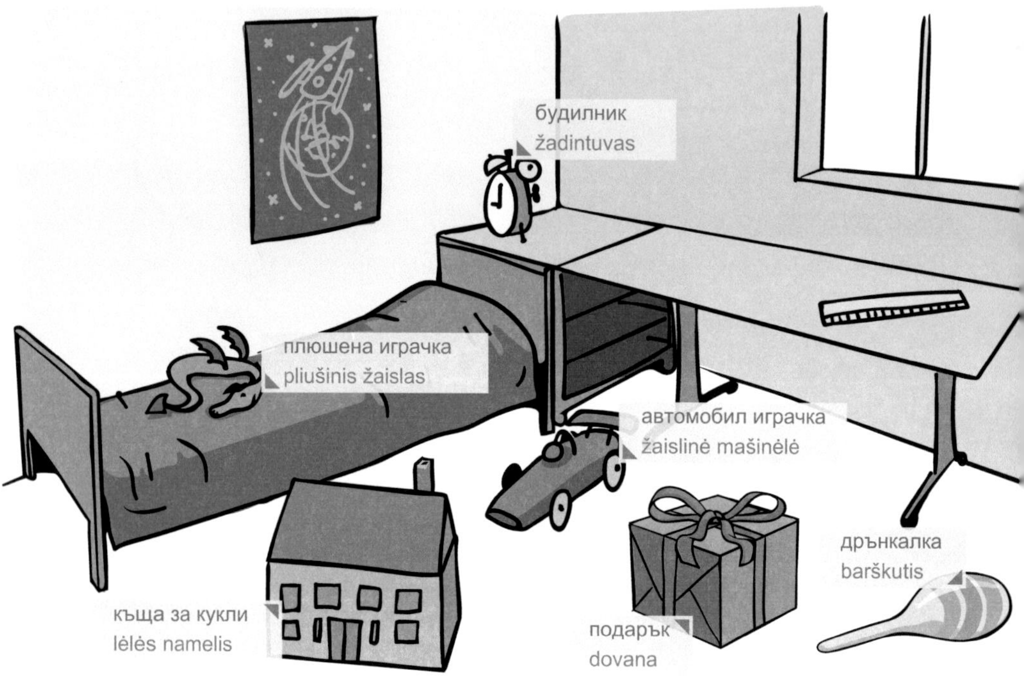

будилник
žadintuvas
плюшена играчка
pliušinis žaislas
автомобил играчка
žaislinė mašinėlė
дрънкалка
barškutis
къща за кукли
lėlės namelis
подарък
dovana

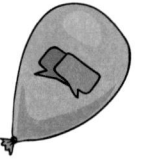

балон
balionas

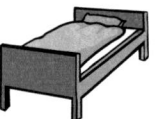

легло
lova

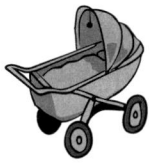

детска количка
vaikiškas vežimėlis

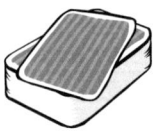

игра на карти
kortų malka

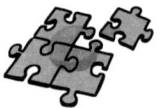

пъзел
delionė

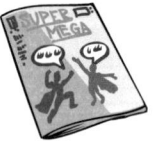

комикс
komiksai

лего елементи

lego kaladėlės

строителни елементи

žaislinės kaladėlės

екшън фигурка

figūrėlė

бебешки гащеризон

šliaužtinukai

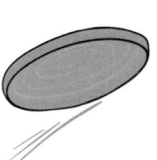

фрисби

mėtymo lėkštė

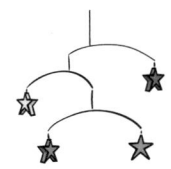

бебешки играчки за легло

karuselė

настолна игра

stalo žaidimas

зарче

kauliukai

миниатюрно влакче

žaislinis traukinys

биберон

žindukas

парти

vakarėlis

детска книга с илюстрации

paveiksliukų knygelė

топка

kamuolys

кукла

lėlė

играя

žaisti

пясъчник

smėlio dėžė

люлка

sūpynės

играчка

žaislai

игрова конзола

žaidimų konsolė

велосипед с три колелета

triratukas

плюшено мече

meškiukas

гардероб

drabužių spinta

облекло
drabužis

къси чорапи

kojinės

дълги чорапи

kojinės virš kelių

чорапогащник

pėdkelnės

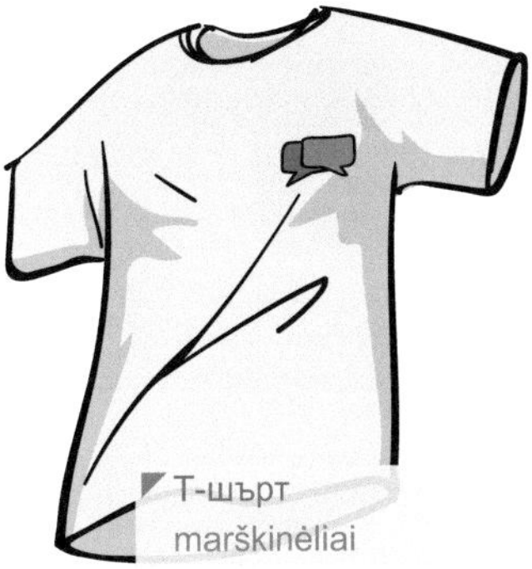

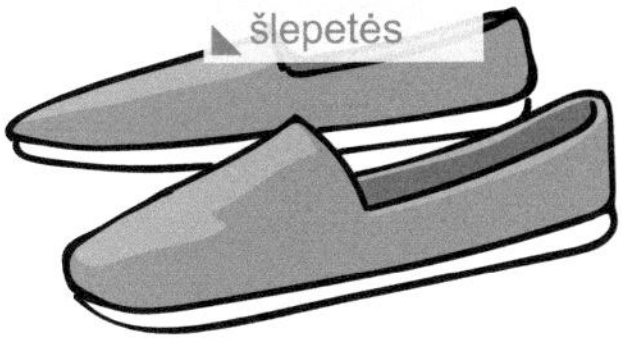

шал
šalikas

чадър
skėtis

Т-шърт
marškinėliai

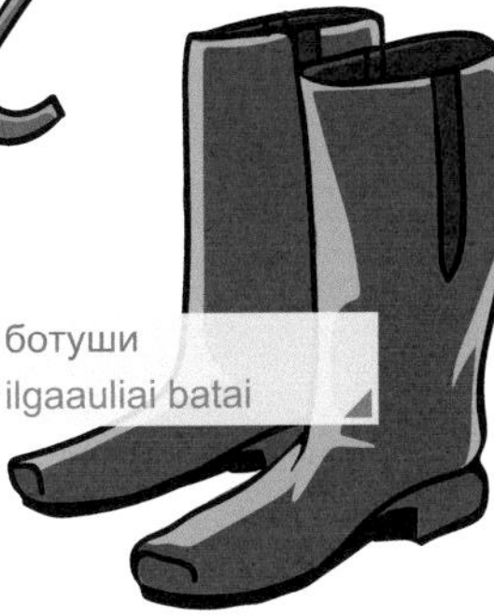

колан
diržas

ботуши
ilgaauliai batai

пантофи
šlepetės

гуменки
sportbačiai

сандали

sandalai

обувки

batai

гумени ботуши

guminiai batai

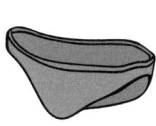

слип

trumpikės

сутиен

liemenėlė

долна блуза

liemenė

боди

glaustinukė

панталон

kelnės

дънки

džinsai

пола

sijonas

блуза

palaidinė

риза

marškiniai

пуловер

megztinis

суичър

megztinis su gobtuvu

блейзър

švarkelis

яке

švarkas

палто

paltas

дъждобран

lietpaltis

костюм

kostiumas

рокля

suknelė

булчинска рокля

vestuvinė suknelė

облекло - drabužis

костюм

kostiumas

нощница

naktiniai marškiniai

пижама

pižama

сари

saris

кърпа за глава

skarelė

тюрбан

tiurbanas

бурка

burka

кафтан

kaftanas

абая

abaja

бански костюм

maudymosi kostiumėlis

плувни шорти

glaudės

къс панталон

šortai

анцуг

sportinis kostiumas

престилка

prijuostė

ръкавици

pirštinės

копче

saga

очила

akiniai

гривна

apyrankė

верижка

vėrinys

пръстен

žiedas

обеца

auskaras

каскет

kepurė

закачалка

pakabas

шапка

skrybėlė

вратовръзка

kaklaraištis

цип

užtrauktukas

каска

šalmas

тиранти

breketai

ученическа униформа

mokyklinė uniforma

униформа

uniforma

лигавник

seilinukas

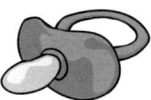

биберон

žindukas

пелена

vystyklai

офис
biuras

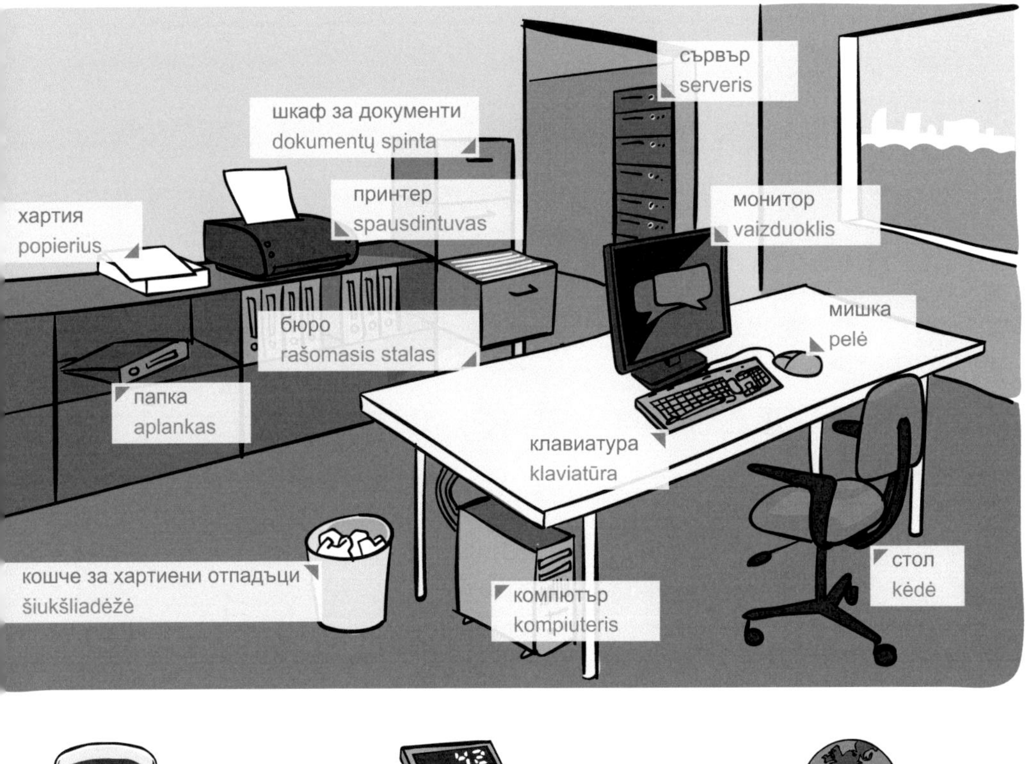

сървър
serveris

шкаф за документи
dokumentų spinta

принтер
spausdintuvas

монитор
vaizduoklis

хартия
popierius

бюро
rašomasis stalas

мишка
pelé

папка
aplankas

клавиатура
klaviatūra

кошче за хартиени отпадъци
šiukšliadėžė

компютър
kompiuteris

стол
kėdė

чаша за кафе

kavos puodelis

джобен калкулатор

kalkuliatorius

интернет

internetas

лаптоп

nešiojamasis kompiuteris

писмо

laiškas

съобщение

žinutė

мобилен телефон

mobilusis telefonas

мрежа

tinklas

ксерокс

fotokopijavimo aparatas

софтуер

programinė įranga

телефон

telefonas

контакт

kištukinis lizdas

факс

faksas

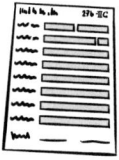

формуляр

forma

документ

dokumentas

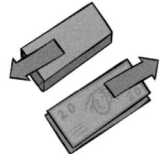

купувам

pirkti

плащам

mokėti

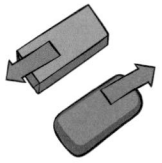

търгувам

prekiauti

пари

pinigai

 USD

долар

doleris

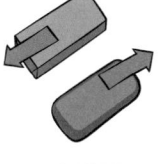 EUR

евро

euras

 JPY

йена

jena

 RUB

рубла

rublis

 CHF

швейцарски франк

Šveicarijos frankas

 CNY

ренминби юан

juanis

 INR

рупия

rupija

банкомат

bankomatas

обменно бюро

valiutos keitykla

злато

auksas

сребро

sidabras

нефт

nafta

енергия

energija

цена

kaina

договор

sutartis

данък

mokestis

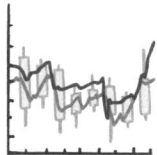

акция

akcijos

работя

dirbti

служител

darbuotojas

работодател

darbdavys

фабрика

gamykla

магазин за цветя

parduotuvė

професии
profesijos

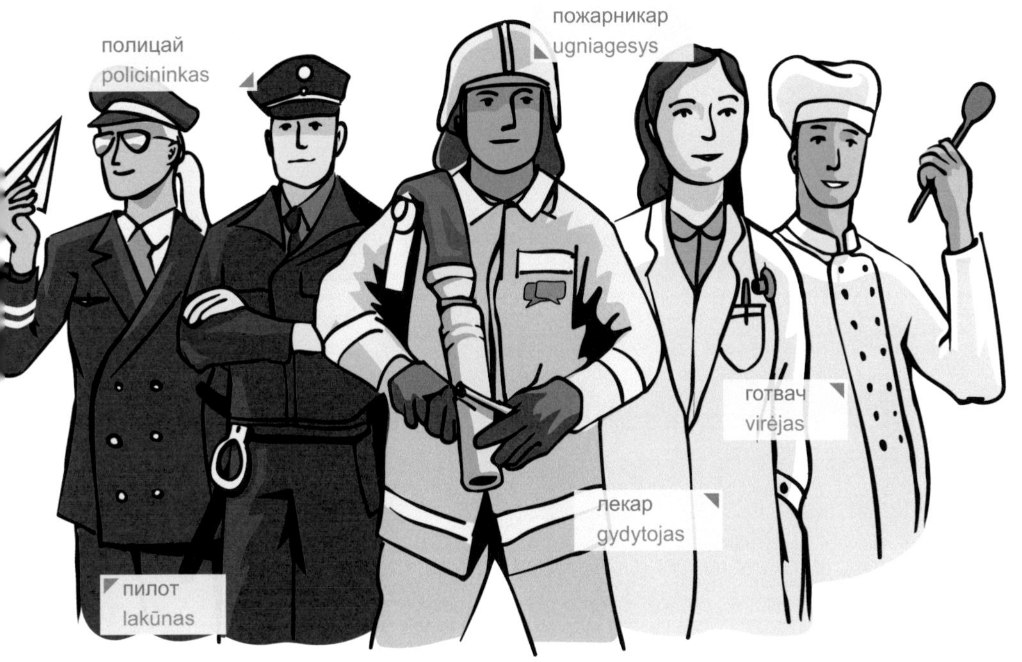

полицай
policininkas
пожарникар
ugniagesys
готвач
virėjas
лекар
gydytojas
пилот
lakūnas

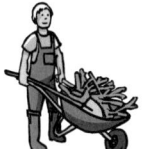

градинар

sodininkas

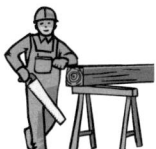

мебелист

stalius

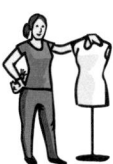

шивачка

siuvėja

съдия

teisėjas

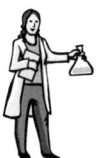

химик

chemikas

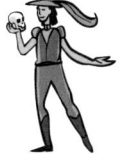

артист

aktorius

шофьор на автобус

autobuso vairuotojas

шофьор на такси

taksi vairuotojas

рибар

žvejys

чистачка

valytoja

майстор на покриви

stogdengys

келнер

padavėjas

ловец

medžiotojas

художник

dailininkas

хлебар

kepėjas

електротехник

elektrikas

строителен работник

statybininkas

инженер

inžinierius

касапин

mėsininkas

тенекеджия

santechnikas

пощальон

paštininkas

войник

kareivis

архитект

architektas

касиер

kasininkas

цветар

gėlininkas

фризьор

kirpėjas

кондуктор

konduktorius

механик

mechanikas

капитан

kapitonas

зъболекар

odontologas

научен работник

mokslininkas

равин

rabinas

имàм

imamas

монах

vienuolis

свещеник

kunigas

инструменти
įrankiai

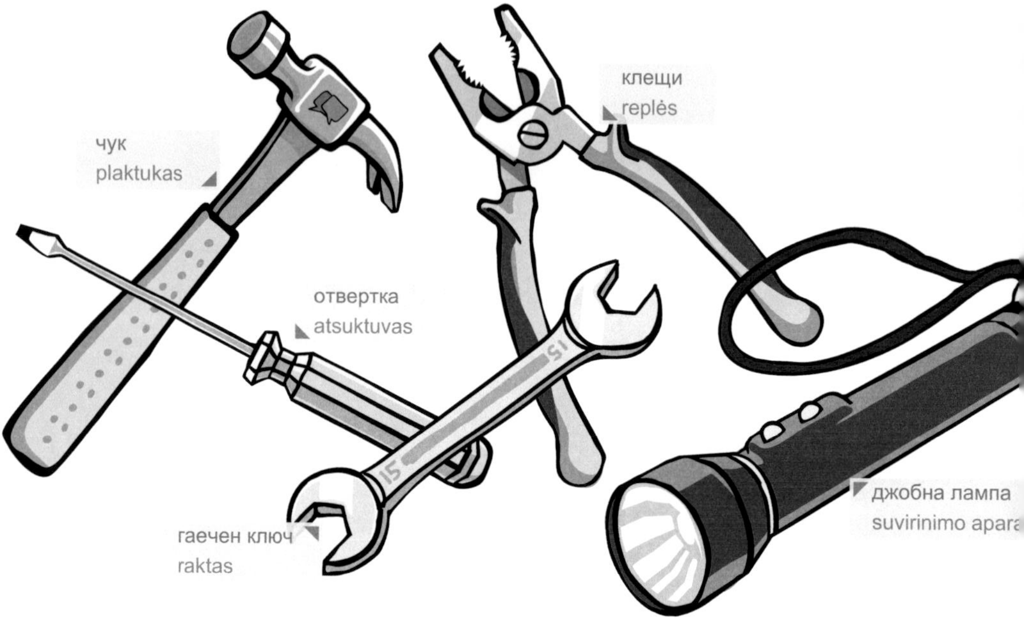
клещи
replės
чук
plaktukas
отвертка
atsuktuvas
джобна лампа
suvirinimo apara
гаечен ключ
raktas

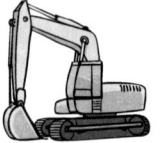

багер

ekskavatorius

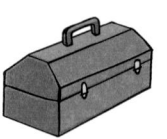

кутия за инструменти

įrankių dėžė

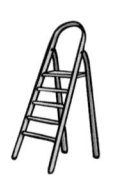

стълба

kopėčios

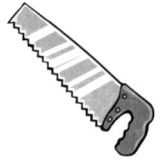

трион

pjūklas

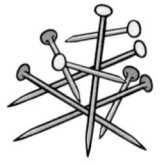

пирони

vinys

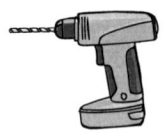

бормашина

grąžtas

ремонтирам

taisyti

лопата

kastuvas

По дяволите!

Velniava!

лопатка за смет

semtuvėlis

кутия за боя

dažų skardinė

болтове

varžtai

музикални инструменти
muzikos instrumentai

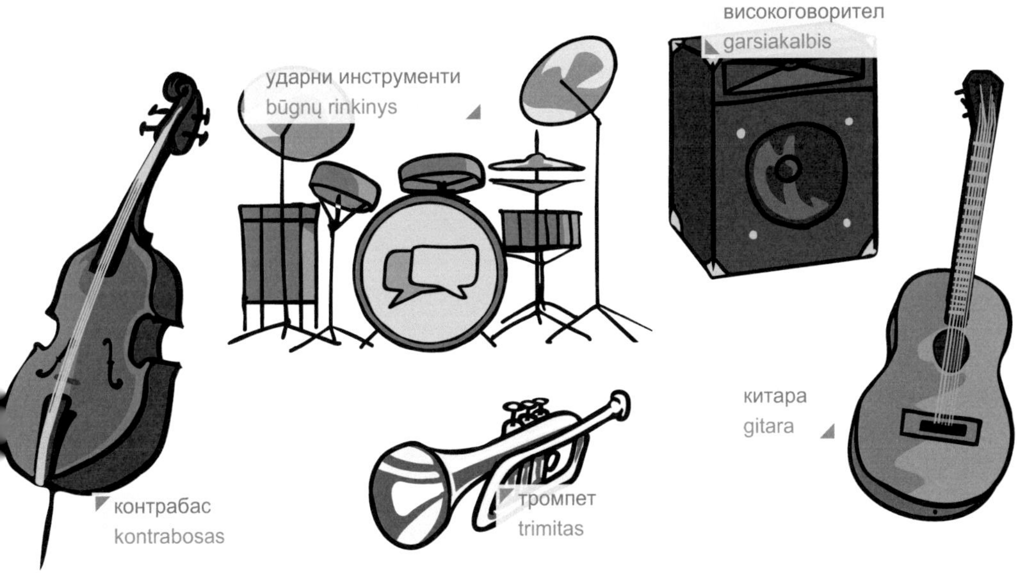

високоговорител
garsiakalbis

ударни инструменти
būgnų rinkinys

китара
gitara

контрабас
kontrabosas

тромпет
trimitas

пиано

pianinas

виолина

smuikas

контрабас

bosinė gitara

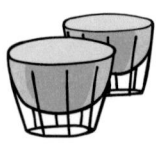

тимпан

timpanas

барабан

būgnai

електрическо пиано

sintezatorius

саксофон

saksofonas

флейта

fleita

микрофон

mikrofonas

зоологическа градина

zoologijos sodas

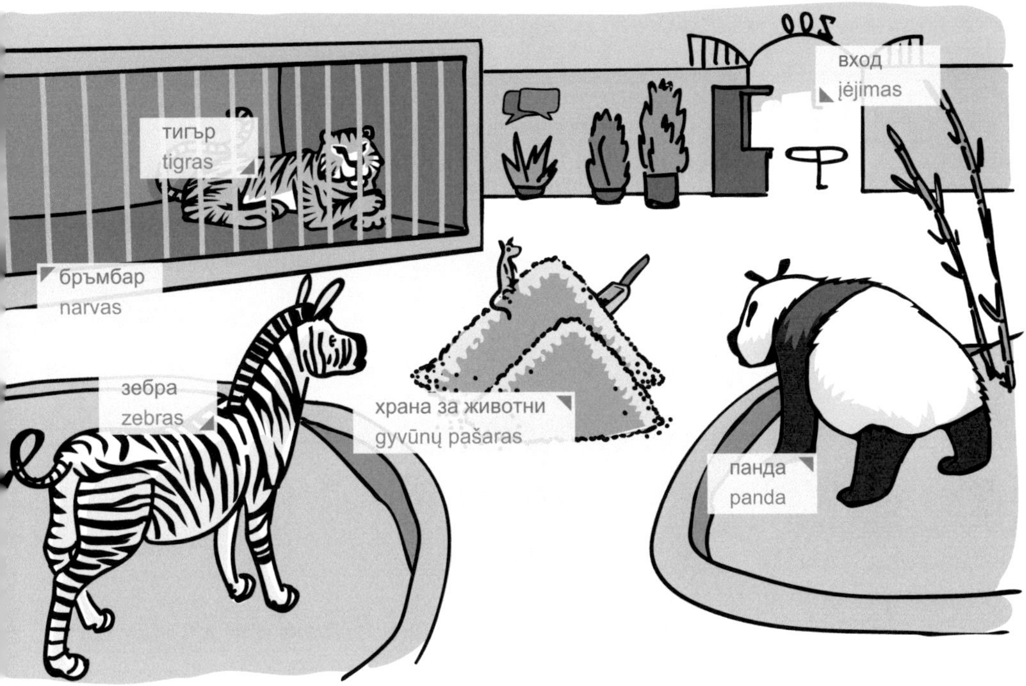
тигър
tigras
вход
įėjimas
бръмбар
narvas
зебра
zebras
храна за животни
gyvūnų pašaras
панда
panda

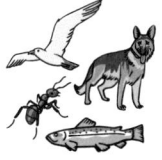

животни

gyvūnai

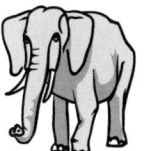

слон

dramblys

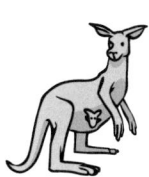

кенгуру

kengūra

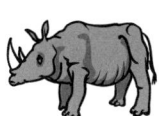

носорог

raganosis

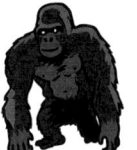

горила

gorila

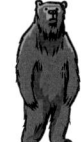

мечка

meška

камила

kupranugaris

щраус

strutis

лъв

liūtas

маймуна

beždžionė

фламинго

flamingas

папагал

papūga

бяла мечка

baltoji meška

пингвин

pingvinas

акула

ryklys

паун

povas

змия

gyvatė

крокодил

krokodilas

пазач в зоологическа
градина

zoologijos sodo prižiūrėtojas

тюлен

ruonis

ягуар

jaguaras

пони

ponis

леопард

leopardas

хипопотам

begemotas

жираф

žirafa

орел

erelis

диво прасе

šernas

риба

žuvis

костенурка

vėžlys

морж

vėplys

лисица

lapė

газела

gazelė

американски футбол
amerikietiškas futbolas

колоездене
dviračių sportas

тенис
tenisas

баскетбол
krepšinis

плуване
plaukimas

бокс
boksas

хокей на лед
ledo ritulys

футбол
futbolas

бадминтон
badmintonas

лека атлетика
atletika

хандбал
rankinis

ски бягане
slidinėjimas

поло
polas

смея се
juoktis

скачам
šokinėti

прегръщам
apkabinti

вървя
vaikščioti

пея
dainuoti

сънувам
svajoti

моля се
melstis

целувам
bučiuoti

пиша
rašyti

рисувам
piešti

показвам
rodyti

бутам
stumti

давам
duoti

взимам
imti

имам

turėti

правя

daryti

съм

būti

стоя

stovėti

тичам

bėgti

дърпам

traukti

хвърлям

mesti

падам

kristi

лежа

meluoti

чакам

laukti

нося

nešti

седя

sėdėti

обличам

rengtis

спя

miegoti

събуждам се

pabusti

разглеждам

žiūrėti

плача

verkti

милвам

glostyti

реша се

šukuoti

говоря

kalbėti

разбирам

suprasti

питам

paklausti

слушам

klausytis

пия

gerti

ям

valgyti

разтребвам

tvarkytis

обичам

mylėti

готвя

gaminti

карам автомобил

vairuoti

летя

skristi

плавам (с платна)

buriuoti

смятане

skaičiuoti

чета

skaityti

уча

mokytis

работя

dirbti

женя се

vesti

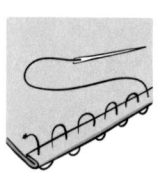

шия

siūti

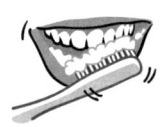

измивам си зъбите

valytis dantis

убивам

žudyti

пуша

rūkyti

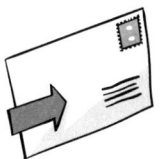

изпращам

siųsti

семейство

šeima

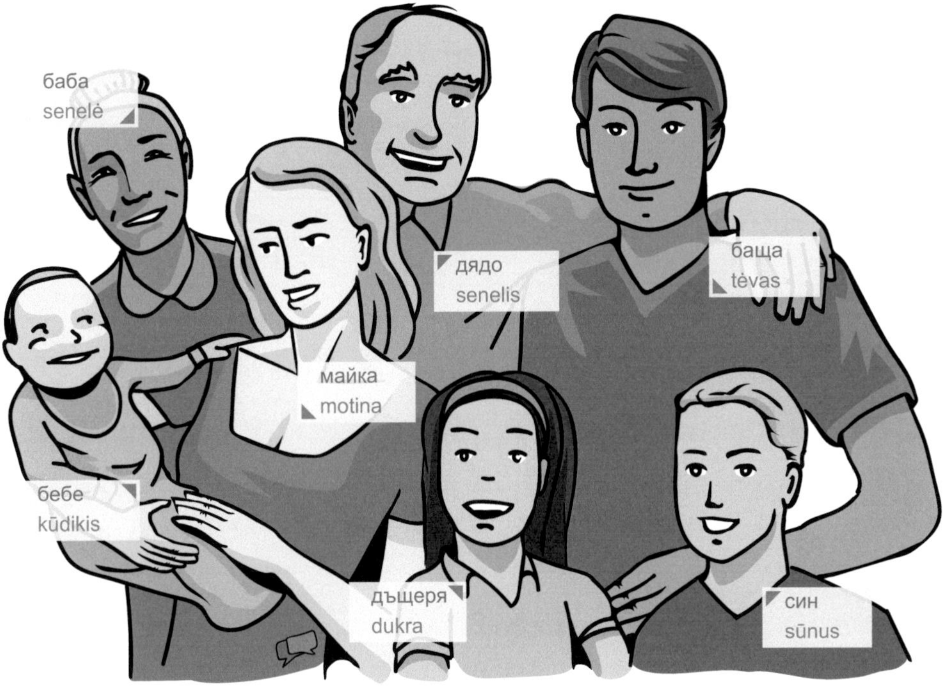
баба
senelė
дядо
senelis
баща
tėvas
майка
motina
бебе
kūdikis
дъщеря
dukra
син
sūnus

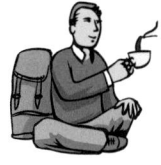

посетител

svečias

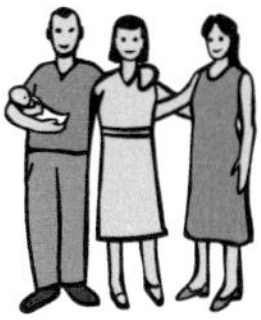

леля

teta

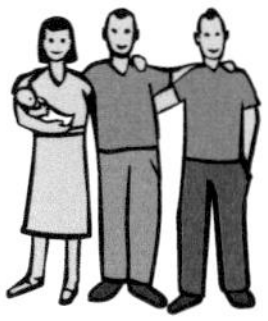

чичо

dėdė

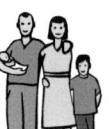

брат

brolis

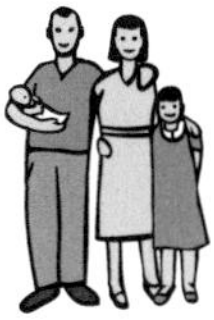

сестра

sesuo

тяло

kūnas

чело
kakta
око
akis
рамо
petys
пръст
pirštas
лице
veidas
брадичка
smakras
ръка
plaštaka
крак
koja
гърди
krūtinė
ръка
ranka

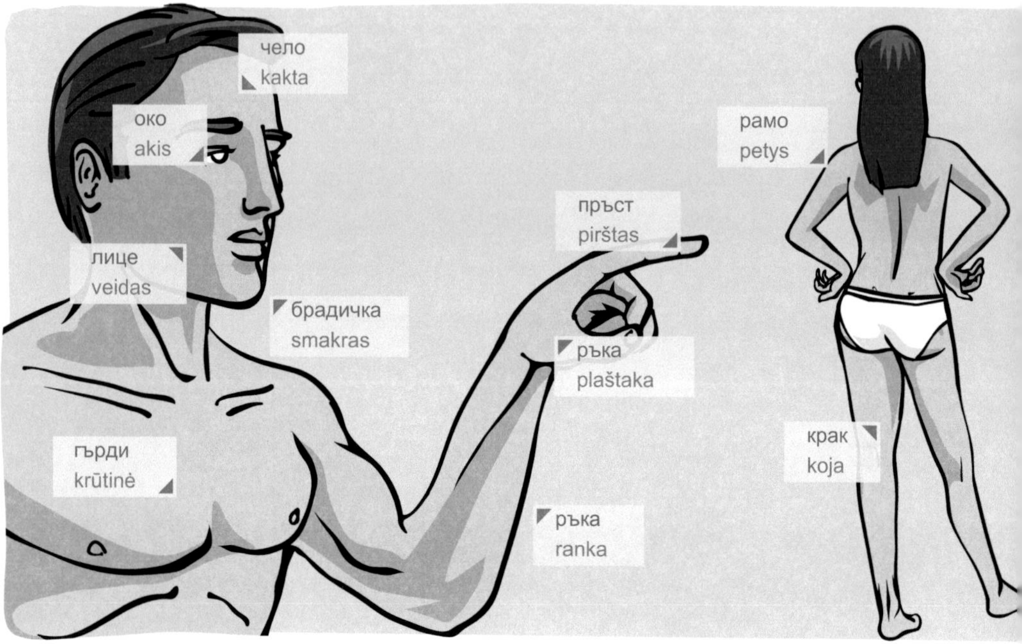

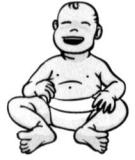

бебе

kūdikis

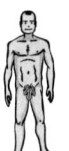

мъж

vyras

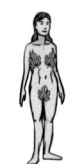

жена

moteris

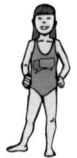

момиче

mergaitė

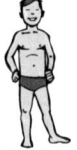

момче

berniukas

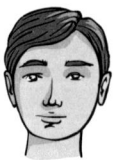

глава

galva

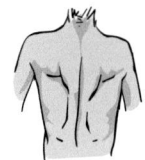

гръб

nugara

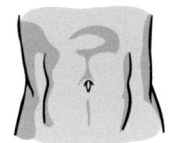

корем

pilvas

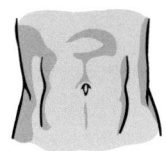

пъп

bamba

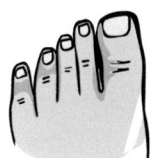

пръст на крака

kojos pirštas

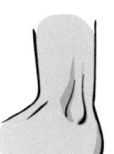

пета

kulnas

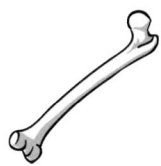

кост

kaulas

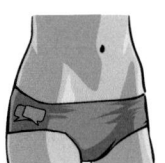

хълбок

klubas

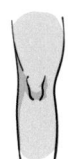

коляно

kelis

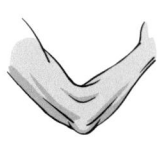

лакът

alkūnė

нос

nosis

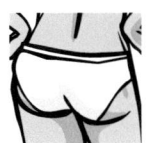

седалище

sėdmenys

кожа

oda

буза

skruostas

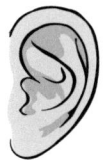

ухо

ausis

устна

lūpa

тяло - kūnas

уста
burna

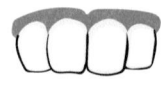

зъб
dantis

език
liežuvis

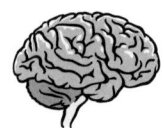

мозък
smegenys

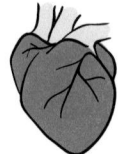

сърце
širdis

мускул
raumuo

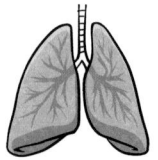

бял дроб
plaučiai

черен дроб
kepenys

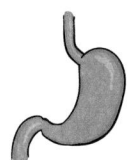

стомах
skrandis

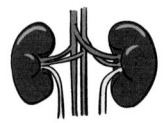

бъбреци
inkstai

полово сношение
seksas

кондом
prezervatyvas

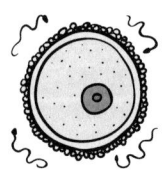

яйцеклетка
kiaušialąstė

сперма
sperma

бременност
nėštumas

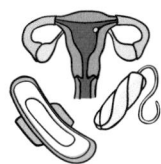

менструация

menstruacijos

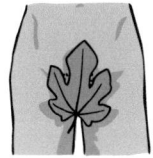

вагина

makštis

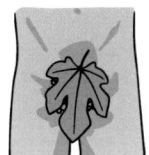

пенис

varpa

вежда

antakis

коса

plaukai

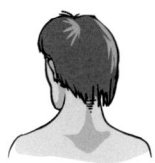

шия

kaklas

болница
ligoninė

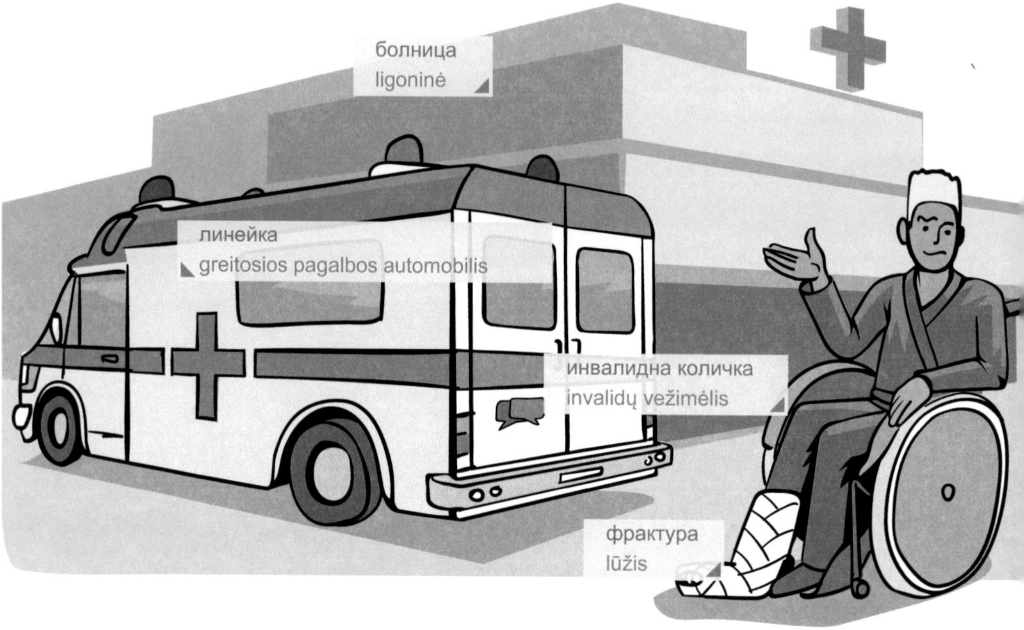

болница
ligoninė
линейка
greitosios pagalbos automobilis
инвалидна количка
invalidų vežimėlis
фрактура
lūžis

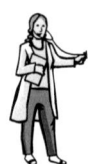

лекар

gydytojas

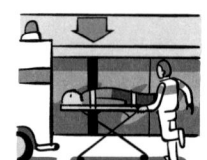

спешна хоспитализация

skubios pagalbos skyrius

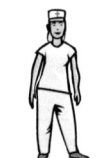

медицинска сестра

slaugytoja

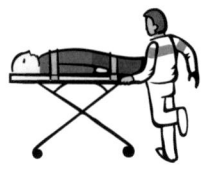

спешен случай

nelaimingas atsitikimas

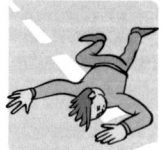

в безсъзнание

be sąmonės

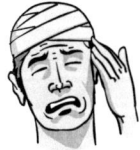

болка

skausmas

нараняване

sužalojimas

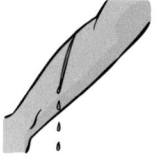

кървене

kraujavimas

инфаркт

širdies smūgis

инсулт

insultas

алергия

alergija

кашлица

kosulys

температура

karščiavimas

грип

gripas

диария

viduriavimas

главоболие

galvos skausmas

рак

vėžys

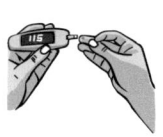

диабет

diabetas

хирург

chirurgas

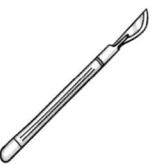

скалпел

skalpelis

операция

operacija

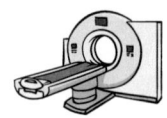

компютърна томография

KT

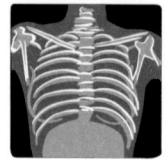

рентген

rentgenas

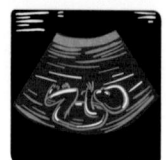

ултразвук

ultragarsas

маска

veido kaukė

болест

liga

чакалня

laukiamasis

патерица

ramentas

пластир

gipsas

превръзка

tvarstis

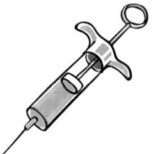

инжекция

injekcija

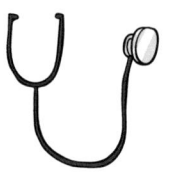

стетоскоп

stetoskopas

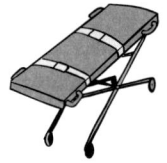

носилка

neštuvai

термометър

termometras

раждане

gimimas

наднормено тегло

antsvoris

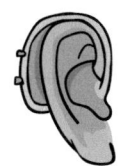

слухов апарат

klausos aparatas

дезинфекционно средство

dezinfekavimo priemonė

инфекция

infekcija

вирус

virusas

HIV / AIDS

ŽIV / AIDS

медицина

vaistas

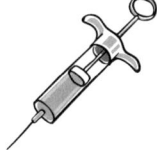

ваксинация

skiepijimas

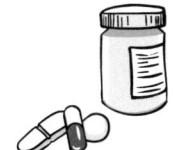

таблети

tabletės

противозачатъчна таблетка

piliulė

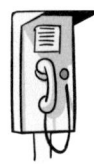

спешно телефонно обаждане

skubios pagalbos numeris

апарат за измерване на кръвното налягане

kraujospūdžio matuoklis

болен / здрав

ligotas / sveikas

Помощ!

Padėkite!

сигнал за тревога

pavojaus signalas

нападение

užpuolimas

атака

ataka

опасност

pavojus

аварien изход

avarinis išėjimas

Пожар!

Gaisras!

пожарогасител

gesintuvas

злополука

nelaimingas atsitikimas

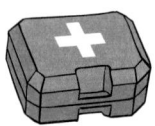

комплект за оказване на
първа помощ

pirmosios pagalbos rinkinys

SOS

SOS

полиция

policija

Европа

Europa

Северна Америка

Šiaurės Amerika

Южна Америка

Pietų Amerika

Африка

Afrika

Азия

Azija

Австралия

Australija

Атлантически океан

Atlanto vandenynas

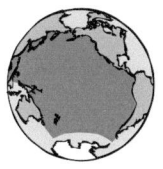

Тихи океан

Ramusis vandenynas

Индийски океан

Indijos vandenynas

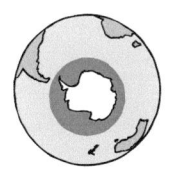

Южен ледовит океан

Pietų vandenynas

Северен ледовит океан

Arkties vandenynas

Северен полюс

Šiaurės ašigalis

Южен полюс

Pietų ašigalis

Антарктида

Antarktida

Земя

Žemė

суша

sausuma

море

jūra

остров

sala

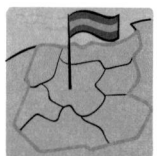

нация

tauta

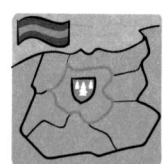

държава

valstybė

циферблат

ciferblatas

стрелка на часовете

valandinė rodyklė

стрелка на минутите

minutinė rodyklė

стрелка на секундите

sekundinė rodyklė

Колко е часът?

Kiek valandų?

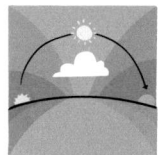

ден

diena

време

laikas

сега

dabar

дигитален часовник

skaitmeninis laikrodis

минута

minutė

час

valanda

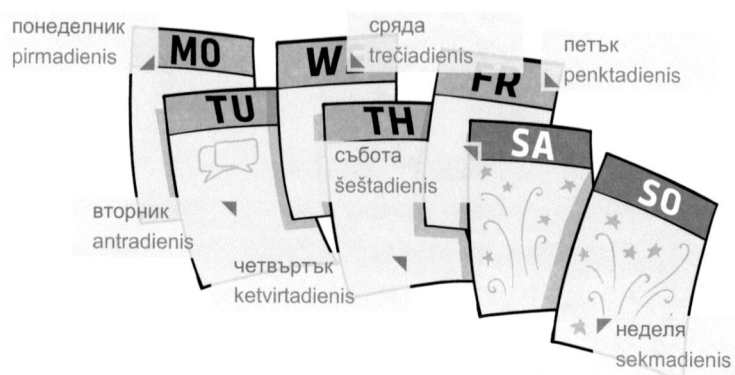

понеделник
pirmadienis

сряда
trečiadienis

петък
penktadienis

вторник
antradienis

събота
šeštadienis

четвъртък
ketvirtadienis

неделя
sekmadienis

вчера

vakar

днес

šiandien

утре

rytoj

сутрин

rytas

обед

vidurdienis

вечер

vakaras

работни дни

darbo dienos

уикенд

savaitgalis

дъжд
lietus

дъга
vaivorykštė

сняг
sniegas

вятър
vėjas

пролет
pavasaris

есен
ruduo

лято
vasara

зима
žiema

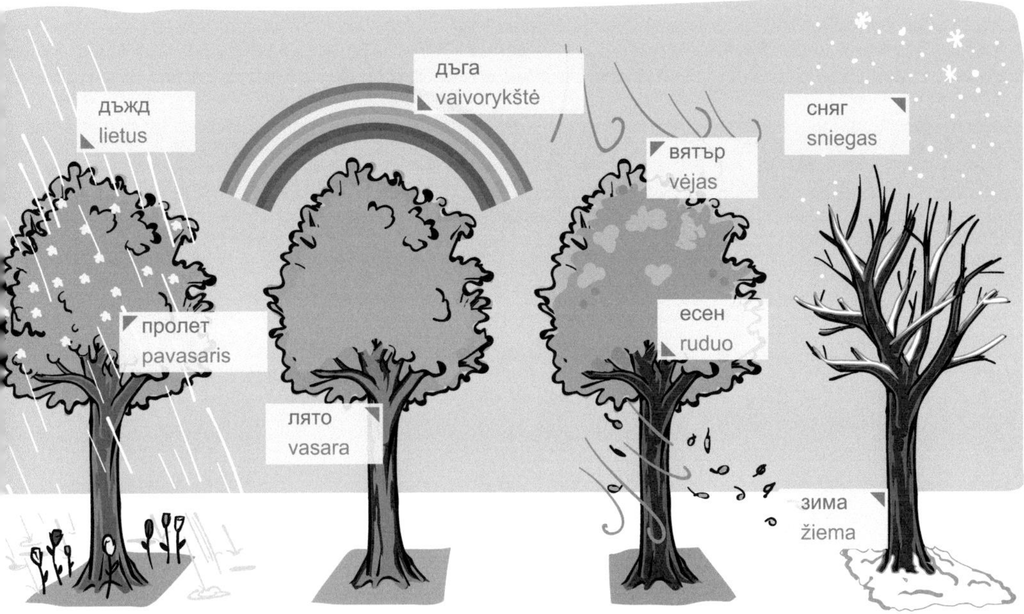

прогноза за времето

orų prognozė

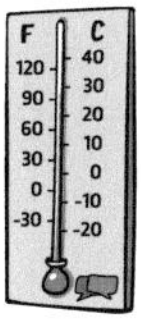

термометър

lauko termometras

слънчева светлина

saulės šviesa

облак

debesis

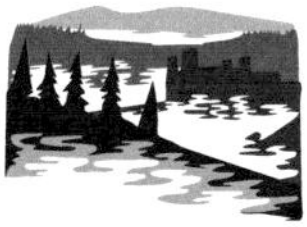

мъгла

rūkas

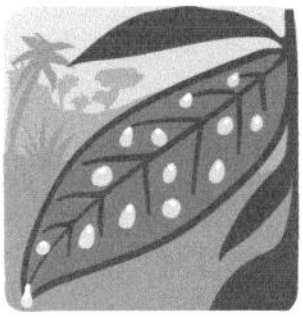

влажност на въздуха

drėgmė

4.APRIL	11°	
5.APRIL	4°	
6.APRIL	13°	
7.APRIL	8°	
8.APRIL	10°	

светкавица

žaibas

гръмотевица

griaustinis

буря

audra

градушка

kruša

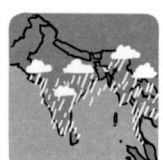

мусон

musonas

наводнение

potvynis

лед

ledas

януари

sausis

февруари

vasaris

март

kovas

април

balandis

май

gegužė

юни

birželis

юли

liepa

август

rugpjūtis

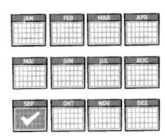

септември
rugsėjis

октомври
spalis

ноември
lapkritis

декември
gruodis

форми
formos

кръг
apskritimas

квадрат
kvadratas

четириъгълник
stačiakampis

триъгълник
trikampis

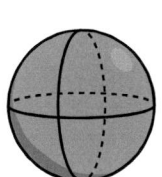

сфера
sfera

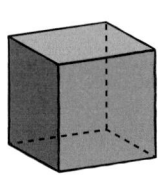

куб
kubas

бял

balta

жълт

geltona

оранжев

oranžinė

розов

rožinė

червен

raudona

лилав

violetinė

син

mėlyna

зелен

žalia

кафяв

ruda

сив

pilka

черен

juoda

противоположности
priešingos reikšmės žodžiai

много / малко

daug / mažai

ядосан / спокоен

piktas / ramus

красив / грозен

gražus / bjaurus

начало / край

pradžia / pabaiga

голям / малък

didelis / mažas

светъл / тъмен

šviesus / tamsus

брат / сестра

brolis / sesuo

чист / мръсен

švarus / purvinas

пълен / непълен

užbaigtas / neužbaigtas

ден / нощ

diena / naktis

мъртъв / жив

miręs / gyvas

широк / тесен

platus / siauras

ядлив / неядлив

valgomas / nevalgomas

сърдит / любезен

piktas / malonus

развълнуван / скучаещ

linksmas / nuobodus

дебел / тънък

storas / plonas

най-напред / най-накрая

pirmiausia / paskiausia

приятел / враг

draugas / priešas

пълен / празен

pilnas / tuščias

твърд / мек

kietas / minkštas

тежък / лек

sunkus / lengvas

глад / жажда

alkis / troškulys

болен / здрав

ligotas / sveikas

нелегален / легален

nelegalus / legalus

интелигентен / глупав

protingas / kvailas

ляво / дясно

kairė / dešinė

близо / далече

arti / toli

нов / употребяван

naujas / naudotas

нищо / нещо

niekas / kažkas

стар / млад

senas / jaunas

вкл. / изкл.

įjungta / išjungta

отворен / затворен

atidaryta / uždaryta

тих / силен (звук)

tylus / garsus

богат / беден

turtingas / vargšas

правилен / погрешен

teisus / neteisus

грапав / гладък

šiurkštus / švelnus

тъжен / щастлив

liūdnas / laimingas

дълъг / къс

trumpas / ilgas

бавен / бърз

lėtas / greitas

мокър / сух

drėgnas / sausas

топъл / студен

šiltas / šaltas

война / мир

karas / taika

0

нула

nulis

1

едно

vienas

2

две

du

3

три

trys

4

четири

keturi

5

пет

penki

6

шест

šeši

7

седем

septyni

8

осем

aštuoni

9

девет

devyni

10

десет

dešimt

11

единадесет

vienuolika

12

дванадесет

dvylika

13

тринадесет

trylika

14

четиринадесет

keturiolika

15

петнадесет

penkiolika

16

шестнадесет

šešiolika

17

седемнадесет

septyniolika

18

осемнадесет

aštuoniolika

19

деветнадесет

devyniolika

20

двадесет

dvidešimt

100

сто

šimtas

1.000

хиляда

tūkstantis

1.000.000

милион

milijonas

английски

anglų

американски английски

amerikiečių anglų

китайски мандарин

kinų (mandarinų)

хинди

hindi

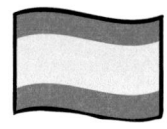

испански

ispanų

френски

prancūzų

арабски

arabų

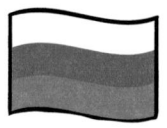

руски

rusų

португалски

portugalų

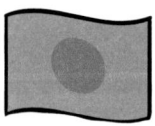

бенгалски

bengalų

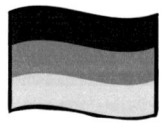

немски

vokiečių

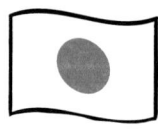

японски

japonų

аз
aš

ти
tu

той / тя / то
jis / ji

ние
mes

вие
jūs

те
jie

кой?
kas?

какво?
ką?

как?
kaip?

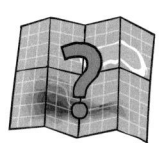

къде?
kur?

кога?
kada?

име
vardas

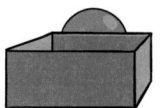

зад

už

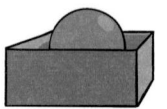

в

kur (vieta)

пред

priešais

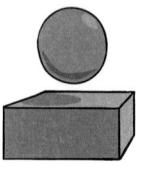

над

virš

върху

ant

под

po

до

prie

между

tarp

място

vieta